LETTRE

DE M. RICHAUD

GOUVERNEUR DES ÉTABLISSEMENTS FRANÇAIS

DANS L'INDE

SUR LA CRÉATION D'UN PORT A PONDICHÉRY.

Pondichéry, le 9 mars 1885.

Monsieur RICHAUD,

Gouverneur des Établissements français dans l'Inde,

A Monsieur Céloron de Blainville,

Directeur de l'intérieur a Pondichéry.

Monsieur le Directeur de l'intérieur,

Depuis deux ans environ, la création d'un port à Pondichéry est à l'ordre du jour.

Divers projets ont été élaborés, l'un par M. de Closets, l'autre par M. Poilay, et dans ces derniers temps, M. Bobin, après entente avec ces deux ingénieurs et leurs commettants, m'a adressé une demande en concession appuyée d'un projet de convention et d'un cahier des charges.

Avant de soumettre cette demande et les documents qui l'accompagnaient au Conseil général, j'ai, sur votre proposition, nommé une Commission (1) chargée de l'étudier dans tous ses détails.

Le projet de cet ingénieur, préparé loin des lieux, à l'aide de cartes datant de plus de 30 ans, et avec des documents insuffisants, n'a pas résisté à l'examen de la Commission technique, qui l'a profondément modifié.

Le mandataire de M. Bobin, après avoir pris connaissance des modifications apportées, a déclaré accepter le projet de la Commission locale, sous réserve des changements ultérieurs que le Conseil des travaux de la marine pourrait y introduire.

---

(1) Cette Commission est composée de :

MM. Gallois-Montbrun, Maire de Pondichéry, Président ;
    Le Président de la Chambre de commerce ;
    Forestier, Inspecteur de la marine, ex-lieutenant de vaisseau ;
    Jameau, Chef du service des Ponts et Chaussées ;
    Viollette, Chef du service des contributions ;
    de Lautrec, Directeur de l'agence des Messageries maritimes ;
    Lob-Levyt, Directeur de la banque de l'Indo-Chine ;
    Ytier, Lieutenant de vaisseau ;
    André, Capitaine de port.

Le moment me parait donc venu de saisir le Conseil général de cette importante affaire.

Aussi bien, jusqu'à ce jour, ni l'Administration ni le Conseil général n'ont eu à se prononcer sur l'utilité et la possibilité de la création d'un port. C'est à l'Administration qu'incombe le devoir de prendre l'initiative d'une proposition qui permettra aux représentants autorisés de la Colonie de se prononcer.

D'autre part, les ressources de la colonie sont insuffisantes pour faire face aux dépenses que nécessitera un pareil travail, et dès lors, — quels que soient les revenus certains que nous retirerons dans l'avenir de l'exploitation du port projeté, — il nous faut faire appel aux capitaux privés pour entreprendre cette construction, et nous n'attirerons ces capitaux qu'en leur offrant une garantie certaine.

Or dans ce cas encore la colonie réduite à ses ressources actuelles ne présenterait pas une garantie suffisante pour obtenir des conditions d'emprunt acceptables.

Il nous faudra donc nécessairement faire appel au concours de la Métropole.

Sans ce concours, il faut le reconnaître sans ambage, la création du port n'est pas possible.

Il est donc indispensable, pour sortir promptement de la période des vœux platoniques, d'examiner si un port est utile, si sa création est possible et de demander à la Métropole si elle consent à nous venir en aide.

I.

La situation de Pondichéry et son importance actuelle comportent-elles une entreprise aussi coûteuse que la création d'un port?

Dans quelle mesure cet ouvrage serait-il susceptible de développer le mouvement maritime, commercial et industriel du Chef-lieu de nos Etablissements?

Telles sont les deux questions que l'on est conduit à se poser en abordant l'examen du projet qui nous occupe.

Située à l'entrée du golfe du Bengale, la ville de Pondichéry se trouve placée sur la route du commerce maritime de la Côte orientale de l'Hindoustan. Le creusement du canal de Paumben, entre l'île de Ceylan et la côte ferme, peut, d'un jour à l'autre, la mettre à proximité de la route des mers de Chine. Elle occupe de plus une position centrale entre le Cap Comorin et Madras, aux portes d'un pays qui, au point de vue de la production agricole, présente un champ en quelque sorte sans limites ouvert aux spéculations de l'avenir.

Les causes qui jusqu'à présent ont nui au développement de Pondichéry tendent à disparaître.

Le Gouvernement de Madras a tout d'abord fait converger vers sa capitale toutes les voies nouvelles de communication, routes, canaux et chemins de fer. Mais a mesure que le pays se transformait sous la puissante impulsion que l'esprit pratique de nos voisins sait donner à leurs entreprises coloniales, ce gouvernement a dû nécessairement étendre son action au delà de Madras et de la zone susceptible d'alimenter son commerce extérieur. Il lui a fallu ménager à la production des différentes parties du territoire un facile accès vers la mer, partout où cet accès était possible, et poursuivre dans ce but l'extension méthodique des voies de communication et principalement des lignes ferrées.

Il a dans ce but et dans la partie de la Présidence qui nous intéresse, construit le South Indian Railway, grâce auquel Pondichéry est sorti de son isolement et a désormais ses relations assurées jusqu'à l'extrémité sud de la Péninsule.

Depuis la famine de 1876-77, la question des chemins de fer anglo-indiens a pris une importance nouvelle. L'extension des principaux réseaux est aujourd'hui reconnue comme le moyen le plus efficace d'atténuer les effets désastreux du fléau qui désole périodiquement certaines provinces de l'Hindoustan. De nombreux projets ont été mis à l'étude ; quelques-uns ne vont pas tarder à être exécutés. Le South Indian Railway recevra plusieurs embranchements qui, — en le mettant en communication avec le prolongement du plateau central, formé par les deux branches des Ghattes, — vont considérablement augmenter l'importance de cette artère principale. Pondichéry qui lui offre une issue naturelle bénéficiera largement de cette situation nouvelle.

Il n'y a là, d'ailleurs, rien qui puisse éveiller les susceptibilités ni porter préjudice aux situations acquises. Il suffit pour s'en convaincre de se rendre compte de l'importance des forces productives en réserve autour de nous, et se rappeler qu'elles n'attendent pour se développer que l'ouverture de débouchés nouveaux.

La Présidence de Madras, en y comprenant les enclaves formées par les Etats indigènes, a une superficie totale de 90,000,000 d'hectares, à peu près le double de celle de la France; elle compte environ 30,000,000 d'habitants. Les sept districts situés à proximité de Pondichéry, et avec lesquels notre Etablissement entretient déjà des rapports commerciaux (1), ont une superficie de 16,000,000 d'hectares et une population de 12,000,000 d'âmes Il s'en faut de beaucoup, naturellement, que tout le sol cultivable soit actuellement en exploitation et que l'état social de cette population nombreuse lui ait permis d'atteindre son maximum de production.

Depuis trente années, c'est-à-dire du jour d'où date la construction des premiers chemins de fer, la Présidence de Madras a vu plus que tripler l'importance de son commerce extérieur. Les importations et les exportations réunies atteignaient à peine en 1852-53 le chiffre total de 106,000,000 fr. ; elles se sont élevées en 1882-83 à 350,000,000 fr., sur lesquels le port de Madras entre à lui seul pour une somme de 180,000,000 fr., c'est-à-dire pour plus de la moitié.

Ce dernier chiffre, résultat de la situation privilégiée faite, dans la sollicitude de l'Administration anglaise, à la partie de la contrée située dans le rayon d'action de Madras, indique suffisamment ce que l'on peut attendre dans la zone avoisinant Pondichéry, à partir du moment où le pays aura commencé à recueillir le bénéfice des voies de communication dont on s'occupe de le doter depuis une dizaine d'années.

A Pondichéry, les exportations et les importations représentent à peine 24,000,000 fr., c'est-à-dire le sixième environ de celles de Madras; mais il n'est pas sans intérêt de remarquer que nous tenons le premier rang parmi les ports secondaires de l'une et l'autre côte de la Pré-

____

(1) Les sept districts avoisinant Pondichéry sont : le Sud-Arcot, le Nord-Arcot; le Salem, le Thichenopoly, le Coimbatore, le Tanjore et le Madura.

sidence et que plus de la moitié de notre commerce extérieur se fait avec la France et les colonies françaises. Remarquons encore que sur le mouvement commercial total de la France avec la Présidence de Madras, qui ne dépasse pas 21,000,000 fr., un tiers environ se traite par l'intermédiaire de nos maisons de commerce locales, en sorte que, si l'on fait la somme des échanges entre la France, d'une part, et la Présidence de Madras, et Pondichéry de l'autre, on trouve un total de 36,000,000 fr. sur lesquels les affaires faites au Chef-lieu de nos Établissements s'élèvent à 20,000,000 fr. environ, c'est-à-dire à plus de la moitié.

Cette constatation, utile à faire, démontre tout à la fois que les intérêts commerciaux et industriels de la Métropole sont dans cette partie de l'Inde solidaires de la prospérité de notre ville, et que cette dernière, malgré les circonstances défavorables contre lesquelles elle a eu à lutter depuis un siècle, a conservé une vitalité qui justifie les sacrifices que l'on pourrait être appelé à s'imposer pour lui rendre son importance.

Ces sacrifices ne sauraient d'ailleurs être faits pour une œuvre susceptible de produire des résultats plus considérables que le projet de création d'un port à eau profonde.

La marine à vapeur, en se substituant à la marine à voiles, a produit une révolution complète dans les conditions générales du commerce maritime. La marine à vapeur ne peut pas s'accommoder de lenteurs, et c'est pour elle surtout que le vieux dicton : le temps est de l'argent, est une réalité. Un port, avec l'outillage perfectionné qui procurerait cette merveilleuse célérité dans les opérations que l'on est parvenu à réaliser dans les villes maritimes de l'Europe, donnerait à Pondichéry, à brève échéance, une importance commerciale considérable.

Vous le voyez, Monsieur le Directeur de l'intérieur, par sa position sur la mer, d'un côté, et, de l'autre, sur la grande artère des lignes ferrées de l'Inde méridionale, Pondichéry peut devenir, dans un avenir prochain, un des centres principaux du commerce extérieur de la côte de Coromandel ; l'extension du réseau de chemins de fer dans la partie de la contrée qui l'avoisine promet d'imprimer à ce commerce un essor considérable; le Chef-lieu de nos Établissements est déjà l'agent principal des échanges entre la France et la Présidence de Madras ; tout ce qui tendra à développer son mouvement commercial touche donc au développement et à la prospérité de l'industrie nationale. Un port fermé, offrant à la marine ces conditions précieuses de sûreté et de célérité, indispensables de nos jours, contribuerait puissamment à faire prendre à Pondichéry une situation prépondérante, que nous ne devons pas nous borner à appeler de nos vœux mais dont le Conseil général et l'Administration ont le devoir de préparer la réalisation.

L'utilité du port démontrée, j'ai à examiner s'il peut être construit dans des conditions avantageuses et si, une fois construit, il présentera des garanties de sécurité suffisantes : en un mot, si la création d'un port est possible.

II.

Les auteurs des différents projets de construction d'un port à Pondichéry ont tous été d'avis que, pour satisfaire complètement aux desiderata de la marine de commerce, il était indispensable que ce port fut creusé dans l'intérieur des terres ; tous ont estimé qu'un port-rade, quelles que fussent les jetées dont on pourrait l'entourer, ne présenterait jamais des conditions de calme et de sécurité suffisantes pour que les opérations commerciales pussent s'y effectuer facilement en tout temps. La constatation de ce qui se passe dans le port-rade voisin de Madras vient à l'appui de cette opinion. Tout en faisant une large part aux dispositions peut-être défectueuses, en tout cas perfectibles, qui ont été adoptées par nos voisins, il est un fait indéniable : c'est que les eaux sont toujours agitées dans l'intérieur du port de Madras et que, par mauvais temps, les navires s'y jugent dans une situation si peu sûre qu'ils aiment mieux soit tenir la mer, soit tout au moins gagner le mouillage extérieur.

Aussi, comme ses devanciers, la Commission locale s'est-elle prononcée pour l'établissement d'un port intérieur, dont l'issue à la mer fut protégée par un système de constructions constituant un avant-port ; elle a décidé en même temps que les passes devraient avoir 10 ^{m}. de fond et le port et l'avant-port 9 ^{m}. au des-

sous du niveau des plus basses eaux. C'est à ces pro-
fondeurs que sont creusés partout aujourd'hui les nouveaux ports et canaux maritimes que l'on construit.

L'emplacement dont la Commission a fait choix pour
le port intérieur est le même qu'avaient adopté succes-
sivement MM. de Closets, Bobin et Poilay; et il faut
reconnaître qu'il serait difficile d'en rencontrer un plus
propice, tant au point de vue de sa proximité de la gare
du chemin de fer et des quartiers les plus commer-
çants de notre ville que sous le rapport de la valeur
vénale très minime des terrains à occuper, de leur na-
ture (sable coquillier), qui en rendra la fouille facile,
et enfin de leur peu de relief, car leur niveau est sensiblement celui des eaux moyennes de la mer.

Les acquisitions de terrains, tant pour l'emplacement du port lui-même et de ses annexes que pour
la construction des routes et de la voie ferrée qui devront le relier à la ville et à la gare, ont été évaluées à
400,000 fr. seulement. Les fouilles à effectuer sur la
superficie de 33 hectares qu'aura le port et pour la
construction de son canal de communication avec
l'avant-port sont prévues pour une dépense de
2,610,000 fr., soit ensemble 3 millions.

M. Bobin avait projeté de constituer le port intérieur en creusant le lit de la rivière d'Ariancoupom sur
une largueur de 200 mètres à la ligne d'eau et sur
toute la longueur (plus de 2,000 mètres) qui serait
jugée utile. Il semble que dans un canal aussi étroit, la
manœuvre de navires, dont les longueurs varient de
80 à 140 mètres, serait pleine de difficultés et même
de périls. La Commission locale en a jugé ainsi, et
comme, d'ailleurs, à superficie égale et quelle que
soit la forme adoptée, les frais de dragage du port
resteraient les mêmes, elle s'est ralliée au projet de
M. Poilay qui présente une certaine analogie avec celui
de M. de Closets : il consiste à creuser un vaste rec-
tangle de 1,000 ^{m}. et 600 ^{m}. de côtés sur une pro-
fondeur de 9 ^{m}. au-dessous du niveau des basses
mers. Toutefois, on se bornerait, quant à présent, à
fouiller la partie nord de ce port sur une longueur de
550 ^{m}; cette partie aurait une superficie de 33
hectares, suffisante pour que 14 navires de toutes
dimensions pussent y opérer simultanément. Un
bassin construit dans ces proportions serait de

beaucoup supérieur aux besoins actuels de notre commerce et il n'est pas à présumer que, quelque développement qu'il puisse acquérir, il devienne avant longtemps nécessaire de creuser la seconde partie du port dont les terrains, d'ailleurs, auront été acquis et réservés dès le début de l'entreprise.

Dans son projet, M. Bobin, comme le proposait aussi son devancier M. de Closets, donnait issue par l'avant-port aux eaux de la rivière d'Ariancoupom. Ces ingénieurs semblent avoir eu, l'un et l'autre, pour principal objectif de créer ainsi un courant qui balayât les dépôts de sable qu'ils redoutaient de voir se former dans la passe unique dont l'un et l'autre dotaient leur avant-port.

Cette disposition, c'est-à-dire l'existence d'une seule passe ouvrant vers le Sud-Est, a été absolument repoussée par la Commission locale qui, d'une part, a pensé, d'après les constatations qui en ont été faites durant la dernière saison des pluies, que la rivière charrie parfois des eaux si bourbeuses qu'elle ne manquerait pas de produire dans l'intérieur de l'avant-port des effets diamétralement opposés à ceux que MM. de Closets et Bobin en attendent; que, d'autre part, par les fonds de 9 à 10 mètres, le dépôt des sables que les eaux de la mer peuvent tenir en suspension n'est pas à redouter, ainsi que l'expérience l'a démontré à Madras.

Pour ces motifs, elle a reporté au Nord de l'embouchure de l'Ariancoupom l'avant-port que comporte son projet.

Quant à cet avant-port lui-même, il affecte une forme absolument différente de celles indiquées par les projets antérieurs. Il consiste, en effet, en deux jetées entièrement rectilignes, faisant avec le rivage des angles externes de 96° ; leurs longueurs sont respectivement de 915 mètres, pour celle du Nord, et 1,080 mètres, pour celle du Sud. Distantes de 640 mètres à leurs points d'enracinement, les jetées sont convergentes, de sorte que leurs musoirs, situés par 9 mètres 50 de fond et sur un même méridien, ne sont distants que de 450 mètres.

Cette vaste superficie est circonscrite dans l'Est par un brise-lames saillant au large, long de 740 mètres et qui, bien que mettant obstacle à ce que l'influence de la houle et de la mer se fasse sentir à l'intérieur, réserve au Nord et au Sud deux passes de 200 mètres de largeur, mesurée de musoir à musoir, pour l'entrée et la sortie de l'avant-port.

Ces dispositions paraissent judicieusement conçues, tant pour ne pas occasionner un ensablement dangereux des angles externes des jetées, que pour lutter victorieusement contre les efforts destructifs de la mer.

En ce qui concerne l'ensablement, il résulte, en effet, de l'expérience acquise à Madras, où les jetées du port sont implantées normalement au littoral, qu'il ne se produit pas, avec une direction de jetées telle que le comporte le projet de la Commission locale, au delà des fonds de 6 à 7 mètres ; les passes se trouvent par des sondes de 10 mètres, il n'est donc pas vraisemblable qu'elles puissent s'ensabler.

Le danger de l'ensablement paraît avoir été préoccupation dominante de M. de Closets, l'orientation qu'il projetait de donner aux jetées de son avant-port en témoigne ; et, à ce point de vue, elles eussent certainement répondu aux prévisions de cet ingénieur. Mais outre que, malgré leur extrême longueur (1,800 mètres chacune), elles ne circonscrivaient qu'une superficie de peu d'étendue, elles avaient cet inconvénient majeur de s'offrir normalement au choc des lames et de la houle dont la puissance destructive, dans de telles conditions n'aurait très-probablement pas tardé à en avoir raison.

Quant aux jetées proposées par M. Bobin, elles se rapprochent sensiblement, comme orientation, de celles de la Commission locale. Toutefois, elles se terminaient du côté du large par des faces circulaires, et il est à présumer que ces maçonneries, si fortes eussent-elles été, n'auraient pas mieux résisté à un coup de vent que ne l'ont fait celles analogues du port de Madras, qu'un ouragan a emportées en 1881. Les jetées du projet de la Commission locale, qui sont rectilignes sur toute leur longueur, se présentant obliquement aux chocs de la mer paraissent mieux disposées pour ne pas avoir à en souffrir. Le brise-lames qui en couvre les extrémités se trouvera, il est vrai, dans des conditions infiniment moins favorables pour résister à ces mêmes forces.

Aussi sera-t-il construit suivant la méthode française, dispendieuse mais en même temps très sûre, des blocs abandonnés, qui a subi victorieusement les épreuves les plus redoutables partout où elle a été adoptée. Il est permis d'espérer qu'en raison des proportions imposantes qui lui sont données, cet ouvrage supportera sans dommage les assauts des plus forts cyclones.

MM. de Closets et Bobin n'avaient, l'un et l'autre, établi pour l'entrée et la sortie de l'avant-port qu'une seule passe, ouvrant au Sud-Est et donnant par suite accès aux houles des mers les plus dangereuses. Le vice radical de cette disposition a été mis en évidence au port de Madras et la Commission locale l'a écartée ; son projet comporte deux passes, l'une au nord, l'autre au sud ; elles sont couvertes des mers dangereuses et quels que soient les vents régnants, les navires, même ceux à voiles, pourront s'y engager sans danger, à l'entrée ou à la sortie; quant à l'avant-port, il est suffisamment spacieux pour que les bâtiments puissent y évoluer avec leurs propres moyens.

Le devis de la Commission locale s'élève au chiffre de 21 millions, supérieur de 3 millions à celui de M. Bobin, mais inférieur à ceux de MM. de Closets et Poilay. Cette augmentation de dépense résulte de deux causes principales. En premier lieu, les sondages effectués par la Commission locale ont prouvé que M. Bobin, sans doute induit en erreur par les indications *sommaires* d'un *croquis* du mouillage de Pondichéry levé en 1853, avait considéré les fonds de 9 mètres comme gisant beaucoup plus près du rivage que cela n'est réellement vrai. De là, une augmentation de longueur de près de 300 mètres par jetée.

En second lieu, il a dû être opéré dans les prix des matériaux qui ont servi de base aux évaluations de M. Bobin des rectifications importantes qui se sont traduites par une nouvelle et très notable augmentation de la dépense.

En raison de ces deux circonstances, dont les conséquences étaient inévitables et dont il conviendrait de tenir compte pour établir entre les divers devis une comparaison sérieuse, les économies que la Commission locale s'est efforcée de faire, en écartant de son projet tous les articles qui n'avaient pas un caractère

de nécessité absolue, ne lui ont cependant pas permis
de réaliser son œuvre avec un crédit de 18 millions.

III.

Je viens d'essayer de démontrer qu'un port à Pondichéry sera très utile, que son exécution est possible ;
il me reste à examiner quelles sont les ressources dont
nous pouvons disposer pour mener à bien une pareille
entreprise.

Il n'y a pas d'illusions à se faire sur ce point : la
Colonie ne peut pas distraire un centime de ses ressources actuelles pour l'affecter à la construction pro-
jetée.

Créer de nouveaux impôts n'est pas possible : l'agri-
culture paye 25 p. o/o de son revenu ; les impôts in-
directs sont déjà très élevés eu égard aux faibles ressources dont dispose chaque habitant ; force nous est
donc de faire appel au concours de la Métropole.

Mais sous quelle forme devons-nous solliciter ce
concours ?

Lorsqu'il s'est agi de construire un port à l'île de la
Réunion, la Métropole a garanti directement l'intérêt
des capitaux employés.

C'est évidemment le moyen le plus simple.

Trouverons-nous la Métropole disposée à nous venir
en aide sous cette forme ?

Beaucoup de bons esprits pensent que le moment
serait mal choisi pour obtenir un vote du Parlement
dans ce sens.

« Les expéditions lointaines, actuellement engagées,
« disent-ils, absorbent des sommes considérables.
« Choisir ce moment pour demander une garantie, qui
« se chiffrera annuellement par un million, pour une
« entreprise dont l'utilité apparait si tardivement dans
« une colonie vieille de deux siècles, c'est peut-être
« s'exposer à un refus ou tout au moins à un ajour-
« nement.

« D'un autre côté, subordonner, dans le présent, la
« création et, dans l'avenir, le développement du port
« aux votes des Chambres qui sont loin de nous, c'est
« nous créer des entraves et nous exposer à des len-
« teurs interminables. En ce moment, nous allons nous
« borner à construire des jetées et un brise-lame,

« creuser un bassin, en un mot, faire l'indispensable ;
« demain nous voudrons créer un bassin de radoub,
« construire des quais. Faudra-t-il chaque fois mettre
« en mouvement les pouvoirs publics pour apporter
« une amélioration quelconque à l'œuvre que nous
« voulons entreprendre, alors surtout que, le port étant
« construit, les ressources qui en proviendront nous
« permettront de pourvoir aux constructions nouvelles,
« et aux améliorations que le commerce local pourra
« réclamer ? Enfin, pour la Métropole elle-même, n'est-
« il pas préférable qu'elle sache qu'une fois un subside
« accordé, elle est libre vis-à-vis de nous ?»

Il y a là évidemment d'excellentes raisons pour ne
pas demander le concours direct de la Métropole et
conserver à la Colonie sa liberté d'action.

Mais pour conserver cette liberté d'action, il faut
que ce soit la Colonie qui se porte garante des dépenses
à faire ; et, — comme ses ressources sont insuffisantes
dans le présent et qu'elles le seront encore longtemps dans l'avenir pour offrir toute sécurité aux
capitalistes dont le concours est nécessaire, — il est
indispensable que la Métropole assure à la Colonie un
subside annuel, qui lui permette de donner les sûre-
tés qui seront exigées. On voudrait que, ce subside, la
Métropole le donnât en abandonnant la rente de l'Inde
qui s'élève actuellement à 873, 440 fr. (1)

La construction du port coûtera environ 21 millions, en admettant que le Conseil général consente
à donner une garantie de 5 fr. 75 cent. p. 0/0, amor-
tissement compris, — comme cela a lieu pour le port
de la pointe des Galets à l'île de la Réunion — nous
aurons à payer annuellement 1,207,500 fr.

Le revenu de la rente de l'Inde, (873,440 fr.) sera
donc sensiblement insuffisant. Mais la garantie ne com-
mencera à fonctionner complètement qu'après l'achèvement des travaux, qui se poursuivront pendant plusieurs années. Si la Métropole nous abandonnait
immédiatement la rente, nous pourrions employer,
pendant la durée des travaux, tout ou partie de cette
rente, soit à payer une partie des travaux, soit à constituer un capital. Dans le premier cas, nous arriverions
à n'avoir à payer au moment de l'achèvement des travaux

---

(1) Au moment de la convention, en 1815, on l'évaluait
à 1,022,400 fr,

qu'une somme à peu près égale au revenu annuel, et, dans le second cas, nous pourrions — les travaux devant durer huit ans — constituer un capital suffisant pour garantir l'intégralité de l'emprunt contracté. Dans tous les cas, les revenus du port couvriraient, dès les premières années, le surplus de la somme à payer.

Reste à examiner si la Métropole consentira facilement à abandonner à la Colonie la rente que nous sert le Gouvernement de Madras.

Vous n'ignorez pas que la Colonie, à différentes reprises, par l'organe des assemblées locales, a réclamé l'abandon de cette rente à son profit. La question a même été portée à la tribune de la Chambre des Députés par le représentant de nos Établissements. Mais alors, comme antérieurement, les prétentions de la Colonie ont été repoussées.

Faut-il faire revivre cette demande dans les conditions et avec les arguments produits à ce moment là? Je ne le pense pas.

Rouvrir cette discussion, toujours irritante, au moment où nous avons besoin du concours de la Métropole serait, à mon avis, impolitique.

Tout ce qui pouvait être dit en faveur des prétentions de la Colonie a été éloquemment exposé au sein du Conseil général.

Cependant pour donner satisfaction à ceux qui croient fermement à un droit imprescriptible sur cette rente, je suis prêt à résumer ici les arguments invoqués pour faire valoir ce droit, et à joindre au dossier qui sera expédié en France tous les procès-verbaux des séances des conseils locaux dans lesquels cette question a été traité.

Les arguments invoqués peuvent se résumer ainsi :

« La rente de l'Inde est un revenu essentiellement « local, et non, comme on le prétend, une indemnité « payée à la France pour l'amoindrissement de sa puis- « sance dans l'Inde. Il suffit, pour s'en convaincre, de « lire les six premiers articles du Traité du 7 mars « 1815. (1) Il résulte clairement de ces articles que « le payement des quatre lacs de roupies siccas a été con-

----

(1) Traité du 7 mars 1815 :

Art. 1er. Sa Majesté Très-Chrétienne s'engage à affirmer au Gouvernement anglais dans l'Inde le pri-

« senti en considération : 1° de la vente ou du fermage
« du sel fabriqué dans les Établissements français ;
« 2° du préjudice éprouvé par leurs habitants, tenus

vilège exclusif d'acheter le sel qui sera fabriqué dans
les possessions françaises sur les côtes de Coromandel
et d'Orixa moyennant un prix juste et raisonnable qui
sera réglé d'après celui auquel ledit Gouvernement
aura payé cet article dans les districts avoisinant respectivement lesdites possessions, à la réserve toutefois
de la quantité que les agents de Sa Majesté Très-Chrétienne jugeront nécessaire pour l'usage domestique et
la consommation des habitants de ces mêmes possessions, et sous la condition que le gouvernement anglais
livrera dans le Bengale, aux agents de Sa Majesté Très-
Chrétienne, la quantité de sel qui sera reconnue nécessaire pour la consommation des habitants de Chander
nagor, eu égard à la population de cet Établissement,
et que cette livraison sera faite au prix auquel le sel
reviendra audit Gouvernement.

« Art. 2. Afin de déterminer le prix du sel confor-
mément à ce qui vient d'être dit, les états officiels
constatant ce que le sel fabriqué dans les districts qui
avoisinent respectivement les Établissements français
sur les côtes Coromandel et d'Orixa aura coûté au Gouvernement anglais, seront soumis à l'inspection d'un
commissaire nommé à cet effet par les agents de Sa
Majesté Très-Chrétienne dans l'Inde.

« Et le prix qui devra être payé par le Gouvernement
anglais sera fixé tous les trois ans, d'après le taux moyen du sel pendant ce laps de temps, tel qu'il sera
constaté par lesdits états officiels, à commencer des trois
années qui ont précédé la date de la présente convention.

« Le prix du sel à Chandernagor devra être déter-
miné de la même manière et d'après celui auquel cet
article reviendra au gouvernement anglais dans les
districts les plus voisins de cet Établissement.

« Art. 3. Il est bien entendu que les salines situées
dans les possessions appartenant à Sa Majesté Très-
Chrétienne seront et demeureront sous la direction et
l'administration des agents de Sa dite Majesté.

« Art. 4. Afin d'atteindre le but que les hautes

« d'acheter le sel auprix fixé par le Gouvernement
« anglais.

« Ce qui prouve que la rente est un revenu local

---

parties contractantes ont en vue, Sa Majesté Très-Chrétienne s'engage à établir dans ses possessions sur les
côtes de Coromandel et d'Orixa, et à Chandernagor
dans le Bengale, le sel au même prix, à peu près, que
le gouvernement anglais le vendra dans les territoires
voisins de chacune desdites possessions.

« Art. 5. En considération des stipulations renfer-
mées dans les articles précédents, Sa Majesté Britan-
nique s'engage à faire payer annuellement aux agents
de Sa Majesté Très-Chrétienne dûment autorisés la
somme de 4 lacks de roupies siccas, lequel payement
sera effectué par trimestre et portion égale, soit à Calcutta, soit à Madras, dix jours après que les traites ti-
rées par lesdits agents auront été présentées au gouvernement de l'une ou de l'autre de ces présidences.

« Il est convenu que la rente ci-dessus stipulée sera
due à partir du 1er octobre 1814.

« Art. 6. Il est convenu entre les hautes parties contractantes, relativement au commerce de l'opium, qu'à
chacune des ventes périodiques de cet article, il sera
réservé pour le gouvernement français et délivré à la
réquisition des agents de Sa Majesté Très-Chrétienne
ou à celles des personnes qu'ils auront autorisées à
cet effet, la quantité de caisses d'opium qu'ils deman-
deront, autant que cette quantité n'excédera pas trois
cents caisses par an, lesquelles devront être payées au
prix moyen auquel l'opium se sera élevé à chacune de
ces ventes périodiques.

« Bien entendu que si les agents du gouvernement
français ne faisaient pas retirer pour son compte, aux
termes ordinaires des livraisons, la quantité d'opium
qui auraient été demandée à une époque quelconque,
elles entreront néanmoins en déduction de trois cents
caisses qui doivent être livrées.

« Les demandes d'opium, faites ainsi qu'il vient
d'être dit, devront être adressées au Gouverneur général
à Calcutta, dans l'espace de trente jours, après que
l'époque des ventes aura été indiquée par la *Gazette
de Calcutta*.

« destiné à indemniser nos Établissements d'un re-
« venu local, c'est qu'elle se paye à Madras et non en
« Angleterre. C'est sur ses revenus que la Présidence de
« Madras prend ce million. N'est-ce-pas la preuve qu'il
« y a eu là une convention d'affaires intéressant seu-
« lement les deux colonies? Les stipulations du Traité
« de 1815 profitent au Trésor du Gouvernement de
« l'Inde anglaise et ce sont les contribuables de ce
« Gouvernement qui en supportent les frais. Par une
« juste réciprocité, par un droit analogue, les avan-
« tages doivent profiter exclusivement au Trésor du
« Gouvernement de l'Inde française, ou plutôt aux
« contribuables de notre colonie.

« Le Gouvernement français pouvait obliger l'Inde à
« ne plus fabriquer du sel; mais c'est une spoliation (1)
« que de s'appliquer l'indemnité qui est payée par la
« Puissance en faveur de qui cette mesure a été con-
« sentie ».

La colonie disait aussi dans ses revendications suc-
cessives par l'organe de ses représentants :

« Après avoir longtemps fait à l'Inde une situation
« exceptionnelle, en l'obligeant d'abord à verser à la
« Métropole un contingent quand les autres colonies n'en
« versaient pas, on nous a mis sur le même pied que
« ces dernières en ne nous en réclamant plus. Mais
« quand on a décidé qu'on faisait aux colonies l'aban-
« don de toutes les contributions locales et des revenus
« de toutes les propriétés, on a excepté l'Inde.

« Pourquoi? Si cette rente est bien un revenu local,
« il fallait nous l'abandonner ».

Voilà les raisons invoquées en faveur des droits de
la colonie.

Les arguments par lesquels la Métropole repoussait
ces prétentions se trouvent résumés dans une dépêche
adressée en 1881 par M. Rouvier, Ministre du commerce et des colonies, au Président du Conseil général, qui lui avait transmis les revendications formu-
lées par cette assemblée. Il y était dit que :

1° La rente a eu pour but d'indemniser la France
de l'amoindrissement de sa puissance dans l'Inde ;

---

(1) Ce mot malheureux fut prononcé, souleva bien des
orages et compromit peut-être le résultat final qu'on voulait
obtenir.

2° Les traités portent que la rente est consentie en faveur de la France ; rien n'indique qu'elle doive profiter à la colonie ;

3° Les pouvoirs publics ont toujours considéré la rente comme une ressource de l'État ; les Chambres seules pourraient changer sa destination ;

4° C'est parce que la rente a été attribuée à l'État que l'État a consenti à la colonie des subventions à diférentes reprises et l'a dispensée de tout contingent à partir de l'exercice 1882.

La question n'est donc plus entière et paraît avoir été jugée contre nous.

Faut-il cependant désespérer de faire revenir sur la décision déjà prise le Gouvernement et les Chambres ?

Je crois qu'on peut le tenter, en abandonnant le terrain choisi par les partisans de l'attribution à la colonie de cette rente et en ne réclamant plus cette attribution comme un droit absolu au regard de la Métropole.

Mieux vaudrait admettre que cette rente représente l'équivalent de certains droits de souveraineté et en même temps l'abandon de revenus locaux ; en un mot, qu'elle appartient à la fois et à l'État et à la colonie et que l'affecter à la création d'un port c'est faire une œuvre qui intéresse la colonie et l'État.

En effet, la construction du port favorisera immédiatement le développement de la colonie ; mais la prospérité de nos Établissements de l'Inde, comme celle de toutes nos colonies, intéresse à un très-haut point la Métropole.

En laissant même de côté cette considération générale et en envisageant la question à un point de vue tout particulier, la marine de l'État n'a-t-elle pas un intérêt de premier ordre à avoir dans l'Océan Indien un port sûr et dans lequel, en toute saison, ses navires puissent venir se ravitailler ? Et il ne s'agit pas ici d'une hypothèse, mais d'un fait réel. Depuis notre conquête de la Cochinchine et le développement de nos relations commerciales avec la Chine et le Japon, l'Océan Indien est devenu une des routes les plus fréquentées du Monde. Les derniers évènements ont prouvé la nécessité qu'il y avait pour nous à cesser d'être tributaires des ports d'une puissance rivale et, sans vouloir m'appesantir davantage sur une question irritante, maintenant que les obligations des puissances neutres deviennent de plus en plus étroites, il nous faut songer à ravitailler chez nous les bâtiments de notre flotte ; non seulement nous devons avoir des points de ravitaillement sur cette route, mais il est indispensable que ce ravitaillement puisse s'effectuer avec rapidité et en toute saison. Or ce résultat ne peut-être obtenu que si l'on possède un port fermé.

Nous pouvons donc dire à la Métropole :

« Abandonnez nous la rente de l'Inde ; nous ne vous « la réclamons pas comme un droit, mais comme un « subside destiné à la construction d'un port qui sera, « il est vrai, utile à la colonie, mais qui contribuera « certainement au développement de la richesse natio- « nale et profitera surtout à vos navires de guerre. »

J'ai la ferme confiance que notre demande, présentée dans ces termes par le Conseil général, sera vigoureusement appuyée par M. le Ministre de la marine et des colonies, et si la séparation dont on parle depuis longtemps se réalise, par les deux Ministres réunis.

IV.

J'ai terminé l'examen des questions complexes que soulève la création d'un port à Pondichéry.

Je vous prie de vouloir bien saisir le Conseil général, avant sa séparation, de cette importante affaire, en déposant sur le bureau de l'Assemblée le rapport de la Commission locale, la demande en concession formulée par M. Bobin et les projets de convention et de cahier des charges que cet ingénieur vous a fait parvenir et dont les clauses, modifiées d'après les indications de la Commission, ont été approuvées par son mandataire.

Il appartient à l'Assemblée locale de se prononcer sur la création du port, d'indiquer les conditions dans lesquelles l'Administration devra le moment venu, traiter, avec le demandeur en concession et de voter les taxes à percevoir lorsque le nouveau port sera construit.

Il lui appartient également d'émettre un vœu pour demander à la Métropole l'abandon du revenu de la rente de l'Inde, en indiquant que la colonie s'engage à l'affecter à la construction du port projeté.

Enfin comme le Conseil des travaux de la marine sera nécessairement appelé à donner son avis sur le projet élaboré dans la colonie, il peut avant, de se prononcer d'une manière définitive, demander qu'un ingénieur des travaux hydrauliques soit envoyé dans la Colonie pour faire sur place une étude définitive des conditions techniques de l'entreprise. Le Conseil général avant de se séparer devrait pour parer à cette éventualité, mettre à votre disposition un crédit, qui permettrait de payer le traitement du fonctionnaire des Ponts et chaussées, envoyé pour arrêter sur place les conditions définitives de l'entreprise. Le demandeur en concession des travaux pourrait, de son côté, et parrallélement aux études de cet ingénieur, établir ses calculs et ses prévisions ; et ce double travail terminé, on pourrait alors, mais alors seulement, arrêter le cahier des charges définitif.

Je demanderai au Ministre — et le Conseil général peut formuler son vote dans ce sens — que cet ingénieur ne soit envoyé dans la colonie que si le Gouvernement croit pouvoir nous prêter son appui et nous aider à obtenir des Chambres l'attribution de la rente. Car il faut toujours en venir là :

La construction du port n'est possible qu'avec le concours de la Métropole.

J'aurais désiré, à cause de cette situation spéciale, que le Conseil général se bornât à délibérer : 1° sur l'utilité de la création d'un port; 2° sur la demande de la rente de l'Inde; 3° sur le vote des taxes à percevoir; 4° sur l'ouverture du crédit nécessaire pour l'envoi de l'ingénieur, mais qu'il n'allât point jusqu'à se prononcer, dès maintenant, sur la concession à donner. J'aurais été d'avis qu'on attendit, pour faire cette concession, d'avoir les ressources nécessaires pour assurer l'exécution des travaux, c'est-à-dire, d'avoir la certitude que la Métropole abandonnerait le revenu de la rente de l'Inde ; et que subsidiairement on attendit aussi que la partie technique du projet eût été approuvée par le Conseil des travaux de la marine, et la partie financière de la convention par le Ministre. Vous savez en effet que le Ministre, aux termes de l'article 33 du décret du 25 janvier 1879, est appelé à demander au Président de la République d'approuver par un décret: 1° les emprunts à contracter et les garanties nécessaires à consentir par la colonie et 2° le mode d'assiette et de règles de perception de la taxe à créer.

Mais vous vous trouverez peut-être en présence d'une résolution bien arrêtée au sein du Conseil général d'aller jusqu'à la concession,

Je ne saurais ni critiquer, sous le bénéfice des réserves qui précèdent, le vote qui sera peut-être émis dans ce sens, ni vous inviter à tenter de vous y opposer, étant donné le double mobile qui peut pousser le Conseil général à se prononcer immédiatement sur cette question. Les partisans de la concession immédiate qui siègent dans cette assemblée estiment, en effet, d'une part, qu'en concédant le port dès maintenant, ils intéresseront à la réussite des demandes de la colonie, auprès des pouvoirs publics, et les ingénieurs et les capitalistes auxquels la concession aura été faite; et que, d'autre part, en votant, dès maintenant, toutes les mesures pour lesquelles son concours est nécessaire, le Conseil général témoignera son vif désir de voir aboutir un projet depuis longtemps caressé.

Si donc le Conseil général témoigne le désir d'aborder la question de la concession à M. Bobin et au groupe de capitalistes qui l'appuient, vous ne ferez rien pour vous opposer à ce que la délibération s'ouvre sur ce point. Mais ce point principal voté, vous interviendrez dans la discussion pour bien faire définir les conditions dans lesquelles le Conseil général entend que la concession soit donnée, et vous aurez soin de faire observer que le traité définitif à intervenir entre l'Administration et l'entrepreneur ne pourra être signé que lorsque:

1° La rente de l'Inde aura été attribuée à la colonie;

2° Le Conseil des travaux aura approuvé les conditions techniques de l'entreprise;

3° Le Ministre aura fait connaître qu'il est prêt à faire approuver par le Président de la République et les taxes votées et les conditions financières de la concession.

Je compte, Monsieur le Directeur de l'intérieur, sur votre zèle et votre dévouement pour soutenir les propositions que je viens de développer et les faire triompher devant le Conseil général, qui en comprendra toute l'importance pour les intérêts du pays qu'il représente.

Agréez, Monsieur le Directeur de l'intérieur l'assurance de ma considération la plus distinguée.

RICHAUD.